# Rosen - Mystik

## Gedichte

Barbara Schmitt

# Rosen – Mystik

## Gedichte

Barbara Schmitt

© 2023, Barbara Schmitt
Herstellung und Verlag:
BoD – Books on Demand, Norderstedt
ISBN: 9783734728754

# Widmung

## Vorwort

Im Laufe der letzten Jahre habe ich immer wieder ein Rosengedicht geschrieben – sinnlich - mystisch – mein Lieblingsthema! In diesem Gedichte-Band habe ich sie gesammelt  aus all meinen anderen Gedichte-Bänden.

Es ist mir ein Herzensanliegen, dass dieser Band für besondere Anlässe verschenkt werden möge! Viel Freude damit den Schenkenden und Beschenkten!

## Rosendialog

Eine Tischrose schmückt meinen Mittagstisch – wenn ich mich hinsetze, rücke ich sie mir zurecht, damit ich sie begrüßen kann und ihren Gruß entgegennehme. Ja, sie grüßt mich mit den vielen verschiedenen Farben, mit den unterschiedlichsten Blütenblättern, dicht, locker, glatt, wellig, als würden sie herausquillen und einzeln betörend ihre Farbe zeigen mit lichtem Glanz und zartem Duft. Immer spiegeln sie mir eine Stimmung, einen Gedanken, eine Sehnsucht, Erinnerung wider - wie gut, dass die Rosen mir etwas zu sagen haben! Habt Dank, ihr geliebten Blumen und denen, die sich in ihnen spiegeln!

## Erste Rose am Rosenbusch

Meine Augen streifen die Mauer

auf vertrautem Weg in die Stadt,

dahinter mein geliebter Rosenbusch.

Da, die erste volle Blüte traut sich raus!

Tief lachsrosa, zart, bauschig,

schaut mich an,

entzückt bestaun ich sie, die einzig Mutige!

Du wagst dein Leben schöne Zier,

kostbares Bild für so viel mehr!

## Erblühende Pfingstrose

Breitest äußere Blütenblätter aus

wie einen zarten Teppich,

bewahrst im Innern einen Blätterbausch,

tief rosa, wohl gehalten, offen!

Am Blütenstand ein gelber zarter Kranz,

bewahrst die Sonne für uns ganz!

## Herzenskraft

Tief und tiefer, Mitte, mittig!

Manchmal spürbar

durchschwingt uns eine Flamme,

das Feuer einer Rosenknospe!

Will sich öffnen mit Feuerzungen,

schließt sich immer wieder,

bis zuletzt die Rose blüht,

entspringt!

## Heckenrosenreigen

Die Sonne hat sie wachgerufen,

sie breiten ihre milchig-rosa Blütenblätter

auf den langen wilden Trieben

mit grünen Blättern tupfend aus!

Ein kleiner Bogen, Blütenkranz,

Blütentor – uns zu schmücken,

hindurchzugehen als Erwählte!

## Wasserrosenteich

In brütender Hitze suchen Amseln

Abkühlung am kleinen Wasserrosenteich!

Sie plantschen voller Lust immer wilder,

versprühen das labende Nass

auf weiße, rosa, rote Blütenblätter,

zeigen uns die Spritzigkeit des Wassers!

## Tau-Perle

Eine Tau-Perle rollt

ein Blatt entlang,

tränkt die müden Blüten dann!

## Heideblüten

Stark rosa-lila Heideblüten überall,

leuchten hell und warm!

Tief müssen wir uns bücken,

den Geruch der Erde spüren

und die Kraft der Stängel,

ihre Blüten zu bewachen

vor dem Stehlen ihrer Schönheit

im schnellen Vergehen

in Vasen, Töpfen, Menschenhand!

## Seelengrund

Dunkelroter Rosenduft füllt weiße

Lilienkelche in Tiefen meiner Seele!

Benetzt meine Träume mit Tränen,

umarmt mein Sein in stiller Not!

Verheißt mir selige Fülle,

hier schon und im Tod!

## Drei Rosen

Drei Rosen begleiten mich

durch meine Lebenswelt!

Die eine lachsrosa betörend schön,

verzaubernd stark!

Die zweite dunkelrot, sich liebend

legend in die Schöpferhand!

Die dritte leuchtend weiß,

vertrauend dem Versprechen

verklärter Lichtgestalt!

## Letzte Rosen

Noch einmal neue Blüten,

ein letztes Mal in diesem Jahr!

Viele kräftig rosa leuchtend,

dicht gefüllte Blütendolden!

Im Anschaun dieses Bildes

öffnen sich die Herzen,

ruft Natur dem Menschen zu:

„Seid umschlungen Millionen"!

## Rose im Frost

Eine letzte Knospe, leicht geöffnet,

zartes Rosa, flüstert: "Ich brauche Sonne"!

Hält uns ihre letzte kalte Blüte hin

zum Trost in dunklen Farben,

im Abschiednehmen von der Welt,

will nach Hause gehen von woher sie kam

vor langer, langer Zeit.

## Rosenblüten

Rosenblüten sterben leise,

still umarmen sie den Tod!

Wandeln ihre Weise,

weinen nicht!

Eins im Lebenskreise,

wissen, wo der Himmel ist!

## Rosen - Kranz

Ein Kranz weißer Rosenknospen -

öffnen sich in leichtem Glanz

auf meinem Scheitel himmelwärts,

blühen auf mit Erdenkraft,

öffnen sich dem Himmelssegen,

neigen sich dem Erdenleben,

wandeln, was zerbricht!

## Pluie des Roses

Rosen soll es regnen vom Himmel!

Wer kann sie denn sehen,

die Rosen der kleinen Therese?

Das Übermaß ihres Vertrauens

auf einen liebenden Gott,

auf einen leidenserlösten,

 verklärten Menschen in Gott!

## Elisabeth - Rosen

Trägst im Korb Erbarmen

mit Dir selbst und Deiner Welt!

Reichst im Herzen Armen

Rosen aus dem Himmelszelt!

Gibst ihm Deine Hand zum Leben,

schenkst ihm Brot und Segen!

## Autorenportrait

*Barbara Schmitt, geb.1947 in München

*Examen für das Lehramt an der Grund-

  und Hauptschule

*Dipl.-Psychologin, Psychologische

  Psychotherapeutin (Tiefenps.)

*mehrjährige Erfahrung in Kontemplation

*Aufnahme mehrerer Gedichte über

  Gedichte-Wettbewerbe in die letzten drei

  Jahrbücher der Brentano Gesellschaft,

  Frankfurter Bibliothek zeitgenössischer

  Lyrik und in diesem Jahr bei: Lyrischer

  Lorbeer